Italien

Klassische Reiseziele

Das Forum Romanum in Rom

Stefano Maggi

Atlantis

Ins Deutsche übertragen von
Veronika Maasburg und Dr. Ingrid Münch

Redaktion
Dr. Dieter Struss

Titel der Originalausgabe
Roma, i Fori

Herausgeber der Reihe
Silvio Locatelli und Marcella Boroli

Lizenzausgabe 1989 für
Manfred Pawlak Verlagsgesellschaft mbH, Herrsching

Printed in Italy, New Interlitho S. p. a. – Trezzano
ISBN 3-88199-548-X

Ein großartiges Monument des Friedens und der Harmonie

Das Forum Romanum hatte eine Vielzahl von Aufgaben zu erfüllen und stellt daher eine der vollständigsten Ausdrucksformen menschlichen Zusammenlebens in der Antike dar. Es kann mit der griechischen *Agora* verglichen werden. Beide sind Plätze im Freien für das öffentliche Leben; jedoch deckt der Begriff »Forum« einen größeren Bereich ab, vor allem deshalb, weil er die zivile Sphäre nicht von der religiösen trennt. Letztere soll die verschiedenen Ausdrucksformen des gesellschaftlichen Lebens unterstreichen – ein Phänomen, das in Griechenland nicht immer zu finden ist.

Es nimmt daher in einer typisch römischen Schöpfung Gestalt an – auch als städtebauliche und architektonische Wirklichkeit. Nicht zu verleugnen sind jedoch die Einflüsse, die sich sowohl aus dem technisch-praktischen als auch aus dem künstlerischen Erbe Griechenlands sowie aus den bautechnischen Erfahrungen der etruskischen Vorfahren ableiten lassen.

Das Forum ist einer der wichtigsten Bestandteile jeder römischen Stadt und außerdem – unter dem Gesichtspunkt der Formenlehre – einer der am wenigsten veränderlichen, was man freilich nicht verallgemeinern darf, auch wenn von klar definierten Typologien gesprochen wird.

Etwas Einzigartiges hingegen ist »das Forum« schlechthin, nämlich das Forum Roms, nicht nur wegen seines architektonischen Erscheinungsbildes – jedenfalls nicht nur deswegen –, sondern weil sich seine kulturhistorische Bedeutung – zuerst als Symbol der Freiheit und Demokratie in der Republik, dann des Kaiserreichs und der Herrscherdynastie – entwickelt, erweitert und gewandelt hat. Diese großartige Anlage, an deren Entstehung mehrere Generationen beteiligt waren, kann nicht in wenigen Worten erfaßt werden, da sie das Ergebnis aus einer Vielzahl von einzelnen, zeitlich aufeinanderfolgenden Bestandteilen und Beiträgen ist. Unter diesem Blickwinkel sind auch die nacheinander entstandenen Kaiserforen zu sehen: Auch sie sind, wie das Forum Romanum, eindrucksvolle Bauwerke, »sprechende« Baudenkmäler für die Bürger Roms und des Kaiserreichs und – wenn auch in verstümmelter Form – sogar für die Menschen unserer Zeit, deren Kultur aus der Welt der Antike hervorgegangen ist.

Die Anordnung der Räume und der architektonischen Formen des Forum Romanum wurden von den historischen, politischen und kulturellen Verhältnissen und Ereignissen bestimmt, die mit dem Machtzuwachs Roms verbunden waren – zuerst in den Provinzen Italiens, dann im hellenistischen Mittelmeerbecken.

Das Forum ist am Schnittpunkt zweier Straßen – von denen die eine den Tiber überquerte, die andere an seinem Ufer entlang führte – entstanden, um zwei Grundbedürfnisse des Menschen zu befriedigen: Begegnung und Austausch, sowohl auf der materiellen als auch auf der geistigen Ebene.

Seine günstige Lage zwischen dem Wohngebiet des Palatins und dem des Kapitols und Quirinals (den ältesten Roms) förderte bald seine gemeinschaftlichen politischen und religiösen Aufgaben. Und wenn das Eingreifen der Etrusker im 7. Jahrhundert v. Chr. – wie heute allgemein anerkannt wird – tatsächlich den in getrennten Siedlungen lebenden Volksgruppen jene Einheit beschert hat, die zur Entwicklung einer Stadtkultur führte, dann ist es nicht verwunderlich, daß die Entstehungsgeschichte des Forums genau in die Zeit der Etruskerkönige fällt.

Die Geschichtsschreibung berichtet uns von der Trockenlegung der sumpfigen Täler unter Tarquinius Priscus, dem ersten Etruskerkönig in Rom; darunter ist der Bau eines Entwässerungskanals, der *Cloaca Maxima*, in der Ebene des Forums zu verstehen. Dort, wo er an das spätere Forum der Republik stößt, sind Reste eines Heiligtums zu Ehren von Venus und Cloacina erhalten; letztere war vermutlich eine antike Wassergottheit.

Dank der Trockenlegung kann dieses bis zum 7. Jahrhundert als Nekropole genutzte Gebiet als öffentlicher Platz verwendet werden und steht für alle Formen menschlichen Zusammenlebens zur Verfügung. Fast gleichzeitig mit der plötzlichen Einstellung der Bestattungen erfolgt die erste Pflasterung der Fläche (Ende des 7. Jahrhunderts v. Chr.).

Über diese Zeit, wie überhaupt über die Zeit des Königtums, wissen wir nur sehr wenig. Charakteristisch für die antiken Kulturen ist die Betrachtung des eigenen Ursprungs, der meist nicht klar umrissen und von Legenden umrankt ist, als eine Art »Goldenes Zeitalter«. Rom bildet da keine Ausnahme. Seine Geschichtsschreiber, die sich mit diesen Anfängen beschäftigt haben (auch jene, die in einer politischen und sozialen Wirklichkeit lebten, die anscheinend die Königsherrschaft ablehnte und sogar verabscheute), konnten nicht umhin, auf einzelne Persönlichkeiten dieser Zeit zwischen Mythos und Geschichte Einrichtungen und Bräuche zurückzuführen, die traditionsgemäß den Römern sehr am Herzen lagen. So verbinden sich mit der Gründung der ältesten Bauwerke des Forums, von denen zumeist nur die ehrwürdigen Namen erhalten sind, ebenso ehrwürdige Namen wie Titus Tatius, Numa Pompilius, Servius Tullius ...

Die Aufgaben des Forums

Sicher ist hingegen, daß bereits in dieser Zeit die beiden Hauptaufgaben des Forums, nämlich die wirtschaftlich-kommerzielle und die politisch-religiöse, auf zwei verschiedene Areale aufgeteilt waren: den Markt im Süden, das *Comitium* im Norden, genau am Fuße des Kapitols.

Ein Hinweis auf die Handelsfunktion ist erkennbar in den zahlreichen *tabernae*, richtigen Läden, die neben den wichtigsten Gebäuden in der republikanischen Ära entstanden und in großer Zahl zumindest bis in die frühe Kaiserzeit hinein bestanden.

Das *Comitium* war – wie schon das Wort erraten läßt – der Ort, an dem die Versammlungen der Bürgerschaft stattfanden; unter der Monarchie dann die Versammlungen der Kurien. d.h. der 30 Familienverbände, in die die drei Tribus der Ramnes (Latiner), Tities (Sabiner) und Luceres (Tusker) aus politischen und militärischen Gründen unterteilt waren. Darauf, daß das *Comitium* zur selben Zeit aber auch ein heiliger Ort war, weisen zwei Dinge hin: in erster Linie das Jupiter-Heiligtum auf dem Kapitol, das sich darüber erhob und dem darunterliegenden Areal den Rang eines *templum*, also eines der Gottheit geweihten Bezirkes, verlieh; zweitens die Überreste des *Lapis Niger* (Schwarzen Steins), des Romulus-Grabheiligtums.

Die sakrale Bestimmung der gesamten Ebene bestimmte jedoch vor allem der Vesta-Tempel, der – wie die Ausgrabungen belegen – fast gleichzeitig mit der Gründung der Stadt entstand (nach der Überlieferung 754-753 v. Chr.). In diesem Tempel wurde das heilige Feuer aufbewahrt, das als Symbol für das Leben Roms galt und aus diesem Grund niemals ausgehen durfte. Nach der Überlieferung war die Sorge dafür ursprünglich den Töchtern des Königs anvertraut, später den sechs vestalischen Jungfrauen, wahren Priesterinnen der Stadt, über deren Tugend und Mut uns viele Legenden überliefert sind. Am abgeschiedensten Ort des Heiligtums wurden die vom sagenumwobenen Aeneas aus dem fernen Troja mitgebrachten Reliquien, darunter das berühmte *Palladium*, eine Statuette der Pallas Athene, aufbewahrt.

Neben dem Vesta-Tempel erhob sich ein weiteres wichtiges Gebäude: die (nach der Überlieferung) von Numa Pompilius gegründete *Regia*, die Residenz der Könige. Die ältesten Bauphasen dieses Gebäudes scheinen in das 7. und 6. Jahrhundert v. Chr. zurückzureichen. Aber mit der Einführung der Republik als neuer Staatsform hatte es keinesfalls ausgedient: Es wurde lediglich umgebaut und ist uns in dieser Form erhalten geblieben. Es war der Ort, an dem der *rex sacrorum* und der *pontifex maximus* die vom König übernommenen religiösen Aufgaben erfüllten, deren wichtigste für uns in der Abfassung der Annalen bestand. In der *Regia* wurden überdies die dem Mars geweihten heiligen Schilde aufbewahrt.

Die Überlieferung schreibt Numa Pompilius auch die Gründung des Janus-Tempels zu, dem »Zeichen für Frieden und Krieg«. Wenn die Tore dieses rechteckigen Baus, der einem Bogen sehr ähnlich ist (viele halten ihn für ein früheres Stadttor), geschlossen waren, herrschte Frieden – was jedoch nur selten vorkam, wie aus den Berichten der Antike hervorgeht: nur zweimal in der Zeit vor Augustus, der die *Pax Romana* wieder herstellte. Der Bau stand vermutlich an der südlichen Einmündung des *Argiletum*, es sind jedoch davon keine Überreste erhalten. Ein schwaches Abbild davon ist uns auf einer Münze aus der Zeit Neros erhalten.

Vom *Volcanal*, dem Vulcanus-Altar, der zu den ältesten Heiligtümern Roms gehört, scheinen hingegen einige Spuren in Form von behauenem Tuffstein in der Nähe des *Comitium*, nahe beim Septimius-Severus-Bogen, erhalten zu sein. Die Überlieferung schreibt diesen Altar Titus Tatius zu, dem König jener Sabiner, die den Quirinal bewohnten und deren Frauen vom legendären Gründer Roms geraubt wurden. Anläßlich der darauffolgenden Unterzeichnung des Abkommens zwischen Titus Tatius und Romulus über den Frieden und die Vereinigung von Sabinern und Latinern soll nicht nur jener Altar errichtet, sondern auch der Name Via sacra jener Straße im Talgrund verliehen worden sein. Sie durchquerte die Fläche des Forums vom Kapitol zur Velia und sah bei diesem Anlaß den Festzug beider Könige.

Die Änderung der Staatsform von der Monarchie zur Republik (nach der Überlieferung im Jahre 509 v. Chr.) führte nicht zu einem plötzlichen Wandel in den architektonischen Zielsetzungen für das Forum, sondern zu einem ständigen Zuwachs, einem Ausbau der Bauwerke in engster Beziehung zu den neuen Institutionen und dem allgemeinen Wachstum Roms.

Das *Comitium* sollte wahrscheinlich die Form eines Kreises annehmen. Das Rund bildeten die Fassaden der Bauten, die Sinnbilder der römischen Verfassung darstellten: die *Curia Hostilia*, in der sich der Senat versammelte (die Überlieferung schreibt sie – wie ihr Name schon sagt – Tullus Hostilius zu), die 52 v. Chr. durch einen Brand zerstört und durch die *Curia Iulia* ersetzt wurde, deren Bau von Caesar begonnen und von Augustus 29 v. Chr. vollendet wurde; das *Senaculum*, ein weiterer Versammlungsort des Senats; die *Graecostasis*, eine Tribüne, die den Abgesandten fremder Völker – überwiegend aus dem griechischen Sprachgebiet (daher der Name) – vorbehalten war; die *Rostra*, d.h. die Rednertribüne der Staatsbeamten, die ab 338 v. Chr. als Zier die Rammsporne der bei Antium von den Latinern erbeuteten Schiffe trug.

In den Jahren, die unmittelbar auf die Änderung der Staatsform folgten, entstanden zur Bekräftigung der engen Wechselbeziehung zwischen religiösem und politischem Leben auf dem Forum einige der wichtigsten Heiligtümer der Stadt: der Saturn-Tempel (501-493 v. Chr.) und der Tempel von Kastor und Pollux, auch Tempel der Dioskuren genannt (484 v. Chr.).

Am Fuße des Kapitols gelegen, sollte ersterer an den Mythos der durch den Gott Saturn auf dem Hügel gegründeten Stadt erinnern. Ihm zu Ehren wurden am 17. Dezember die *Saturnalien* gefeiert, ein Fest zum Abschluß des Jahres, das in mancher Hinsicht unserem Karneval ähnlich war. Im Inneren des Tempels wurde wahrscheinlich der Staatsschatz aufbewahrt.

Der Dioskuren-Tempel verdankt seine Entstehung der Erfüllung eines Gelübdes nach der Schlacht am Regillussee (497-496 v. Chr.), in der die römischen Truppen unter ihrem Feldherrn Aulus Postumius Albinus die Latiner und Volsker besiegten. Dadurch wurde es möglich, daß Rom die Krise, die durch den Verfall der Etruskerherrschaft in dem delikaten Gleichgewicht der Beziehungen zwischen den Völkern Mittelitaliens entstanden war, glänzend überwinden und die Grundlagen für die Vorherrschaft schaffen konnte. Sie dehnte sich in kurzer Zeit über die ganze Halbinsel aus. Nach der Legende soll das Eingreifen von zwei mysteriösen Reitern, in denen man die Dioskuren, Kastor und Pollux, erkannte, wesentlich zu diesem Sieg beigetragen haben. Dieser Kult wurde aus Großgriechenland eingeführt, was beweist, daß damals bereits ein lebhafter Austausch – vor allem auf dem Seeweg – stattfand.

Im Laufe der Zeit wurde dieser Tempel zum Bezugspunkt für eine wichtige nichtreligiöse Zeremonie: vor ihm zog nämlich die jährliche Parade vorbei, in der der Ritterstand den Zensoren die neuen Ritter vorstellte. Die Verbindung von Sakralem und Profanem, für das Forum charakteristisch, wurde noch durch die Tatsache bekräftigt, daß der Tempel auch Amtssitz des Eich- und Meßamtes war. Es bestand eine Verbindung zwischen dem Dioskurenkult und dem Kult der Juturna, Schutzgöttin der Gewässer. An der nach ihr benannten, ein wenig östlich des Tempels gelegenen Quelle sollen die beiden Dioskuren ihre Pferde getränkt und den Römern den Sieg verkündet haben. Die Juturna-Quelle ist zusammen mit dem nahen *Lacus Curtius* ein Beweis dafür, daß der Talgrund des Forums ursprünglich sumpfig war.

Die schwierigen politischen und militärischen Verhältnisse, die Ende des 5. und während des gesamten 4. Jahrhunderts v. Chr. in Rom herrschten, solange es in aufreibende Kämpfe mit seinen Nachbarn verwickelt war – Krieg mit Veji (477-396 v. Chr.), Eindringen der Gallier (390 v. Chr.), gegen Rom gerichtetes Bündnis der südetruskischen Städte (358-351 v. Chr.), Kriege gegen die Samniter (343-341; 325-304 v. Chr.) –, erklären die Unterbrechung der Bautätigkeit auf dem Forum in diesem Zeitraum. Der einzige Neubau dieser Zeit ist der Concordia-Tempel (367 v. Chr.) des Diktators Camillus, der Rom von den Galliern befreit hatte. Er wollte mit diesem Tempelbau das Ende der Kämpfe zwischen Patriziern und Plebejern feiern, die in ihrem schlimmsten Stadium zum berühmten Auszug der Plebs auf den Aventin (494 v. Chr.) – man denke an die Fabel von Menenius Agrippa –, zur Entstehung des Amtes des Volkstribuns und zur Verabschiedung der Zwölftafelgesetze (451-450 v. Chr.) geführt hatten. Sie waren in eben diesem Jahr 367 v. Chr. durch die Gesetze des C. Licinius Calvus Stolo und L. Sextius Lateranus, die das Recht der Plebejer auf Zugang zur Konsulwürde bestätigten, glücklich beendet worden.

Die Götter und die Geschichte Roms

Aus dem bisher Gesagten ergibt sich folgende Überlegung: Die auf dem Forum ausgeübten

Kulte stehen in engem Zusammenhang mit der Geschichte der Stadt, ihre Gebäude erinnern an deren markante Geschehnisse, wie z.B. an die Gründung – *Lapis Niger*, Saturn-Tempel –, an für ihren Fortbestand entscheidende Ereignisse, die mit Heldentaten oder übernatürlichen Eingriffen verbunden waren – Vesta-Tempel, Tempel der Dioskuren usw.

Durch die Verehrung der Götter verherrlichte man eigentlich die Größe Roms und seiner Bürger: Es ist – könnte man sagen – eine Art stadtgebundene Religiosität, die dieses gesamte Areal prägt. Seine Zweckbestimmung lag in den politischen und wirtschaftlichen Tätigkeiten demokratischen Zusammenlebens. Auf diese Weise entsteht eines der edelsten Merkmale römischer Wesensart, nämlich die Berufung zum *Monumentum* (= was die Erinnerung wachhält): das Forum wird in seiner Gesamtheit zum *Monumentum* der Stadt, es verewigt ihre Geschichte.

So wird auch verständlich, daß wir bei jedem der Bauten den Namen dessen kennen, der seine Errichtung initiierte, nie jedoch den Namen des ausführenden Architekten; und genauso sind die zahlreichen Ehrendenkmäler, die für berühmte Persönlichkeiten im Zentralbereich des Forums errichtet wurden, zu verstehen.

Rom hörte erst auf, ein »provinzielles« Gebiet zu sein, als der Krieg gegen die Latiner und Capuaner zu Ende war (338 v.Chr.): Eine Folge dieses Krieges war die Herstellung eines direkten Kontaktes zu den Städten Kampaniens mit griechischer Kultur. Im 3. Jahrhundert jedoch – in der Zeit des ersten und zweiten punischen Krieges – setzt sich Rom im Mittelmeerraum durch, wird eine nach der Vorherrschaft strebende Macht und lernt dabei die Notwendigkeit kennen, sein Prestige zu pflegen und folglich auch seine Bauten neu zu gestalten. Zu diesem Zeitpunkt werden die Grundlagen für eine Monumentalisierung des Forums, begünstigt durch Kontakte mit der hellenistischen Architektur, geschaffen. Diese Tendenzen entfalten sich voll erst im 2. Jahrhundert, nach den punischen Kriegen und denen im Osten des Reiches.

Der Prozeß der Aufgabenteilung schreitet weiter fort: Der Handel verlagert sich weitgehend auf andere Bereiche – es verbleiben nur die Läden der Geldwechsler und einiger Luxushändler –, während sich Politik und Verwaltung, die mehr Raum benötigen, vom *Comitium* nach Süden und nach Osten mit neuen Bauten ausbreiten. Dort wird eine wechselseitige Anpassung von griechischen Formen und römischen Inhalten erzielt.

Bei der Architektur der Sakralbauten, die ja von Natur aus konservativ ist, bleibt man bei der Restaurierung des Concordia-Tempels (121 v.Chr.: L. Opimius) und des Dioskuren-Tempels (117 v.Chr.: L. Caecilius Metellus Dalmaticus) dem herkömmlichen Typus des italischen Tempels treu: Der Tempelbau steht erhöht auf einem hohen Podium, die Vorderfront wird stark betont und dadurch zur bevorzugten Ansicht (von diesen Restaurierungen sind uns nur geringe Spuren erhalten, da sie in der augusteischen Zeit von anderen überlagert wurden).

Mehr Raum für Neuerungen bot hingegen die Architektur der Profanbauten, die natürlich enger mit der laufenden sozialen und politischen Entwicklung verknüpft war. Sinnbildlich dafür steht ein Gebäudetyp, der in massiver und charakteristischer Weise auf dem Forum auftaucht: die Basilika, ein Profanbau, der in den klimatisch ungünstigen Jahreszeiten die »Geschäfte« der Wirtschaft und der Verwaltung beherbergen sollte. Gleich vier davon entstanden in einem Zeitraum von sechzig Jahren: 184 v.Chr. die *Basilica Porcia*, 179 die *Basilica Aemilia*, 170 die *Basilica Sempronia* und 121 die *Basilica Opimia*.

Ihre Form, vermutlich von den Griechen Süditaliens übernommen, wird in einer sehr zweckmäßigen Anwendung neu interpretiert; was dabei herauskommt, ist einfach und originell: ein rechteckiges Bauwerk, das an seiner langen Seite – seltener an der kurzen – offen ist, d.h. einen

Säulengang aufweist, der das Innere zu einer Verlängerung des Forums selbst macht, sozusagen zu einem überdachten Forum.

Wenn es schon wahrscheinlich ist, daß es bautypologisch eine – wenn auch indirekte – Verbindung zwischen der *Basilika* und der königlichen *Stoa* der *Agora* von Athen gibt, so kann man wohl sagen, daß es auch hinsichtlich der szenischen Wirkung eine Analogie zur griechischen Anordnung von Plätzen im allgemeinen gibt: Die Bebauung des Forums wendet sich durch die Basilika – über den Nützlichkeitsaspekt hinaus – zur Regelmäßigkeit und zur Monumentalisierung des Ganzen hin. Diese Kulisse verbindet sich harmonisch mit den Frontalansichten der am Forum stehenden Tempel wie auch mit einem weiteren szenisch wirksamen Gebäude, dem *Tabularium*, das zu Beginn des 1. Jahrhunderts v. Chr. als Sitz des Staatsarchivs an den Hängen des Kapitols von Q. Lutatius Catulus erbaut wurde.

Tiefgreifende Veränderungen

Durch die Kriege gegen Karthago und den hellenistischen Osten kommt es zu einem Ungleichgewicht der Besitzverhältnisse zwischen der alteingesessenen Oberschicht der Senatoren und des Militärs sowie der neuen bürgerlichen Unternehmerschicht der *Equites* (Ritter) auf der einen Seite und der breiten Masse der Bauern und des Proletariats auf der anderen. Die Kapitalanlage in Grundbesitz und die damit verbundene Schwächung des Bauernstandes, der den Kern des Heeres bildete, lösten eine Krise nicht nur in der Landwirtschaft und Wirtschaft, sondern auch in der Politik und den Institutionen aus.

Dadurch wurde aus dem Heer von Bauern ein Berufsheer. Da nun das Heer die größte organisierte Macht in Rom darstellte, mußten seine Befehlshaber zwangsläufig nicht nur die militärische Macht des Staates repräsentieren, sondern auch seine politischen Führer werden – was eine Entmachtung sowohl des Senats als auch der Volksversammlung bedeutete.

Die Krise der Republik und der Übergang der Macht in die Hände von monarchistisch gesinnten Persönlichkeiten führte zu einer baulichen Neuordnung und zu einem Wandel der Aufgaben des Forums.

Unter dem Aspekt des Strebens nach mehr Regelmäßigkeit in der Raumaufteilung kann Cäsars Auftrag zum Wiederaufbau der *Basilica Sempronia* in Form der neuen, großen *Basilica Iulia* sowie die Restaurierung der *Basilica Aemilia* (vermutlich 54 v. Chr.) gesehen werden.

Eine grundlegende Veränderung mit offenkundiger politischer Bedeutung hingegen nimmt der Diktator im Bereich des *Comitiums* vor. Die *Curia Hostilia* der republikanischen Zeit verschwindet, und an ihrer Stelle nimmt die neue *Curia Iulia* einen Teil der ureigensten Fläche des *Comitium* ein, wird jedoch in der Folge zu einem Anhängsel des später erbauten Cäsar-Forums: der Senat verliert seine Macht, die nunmehr in die Hand eines einzigen Mannes übergeht. Die *Rostra* werden in eine axiale Position zum rechteckigen Raum zwischen den beiden Basiliken, an die Westseite des Platzes, versetzt: Der Grund dafür war zwar sicher ein praktischer, nämlich die Gewinnung eines größeren Raums für Versammlungen, aber gleichzeitig bedeutete dies auch den endgültigen Untergang des republikanischen *Comitium*.

Das ausschlaggebende Ereignis jedoch ist die Errichtung eines neuen Forums, des *Forum Iulium*, das vom Diktator selbst begonnen und von seinem Adoptivsohn Oktavian Augustus fertiggestellt wurde. Es begründet die öffentliche Verherrlichung der Macht und des Charismas von Cäsar und wird zur Keimzelle des Gesamtkomplexes der Kaiserforen.

In dieser Anlage wird das Thema des rechteckigen, von Mauern umgebenen Platzes, das erfolgreich in einigen Foren der Kolonien erprobt worden war, angewandt, aber auf den verfügbaren Raum abgestimmt: So wird die Hauptachse verlängert und findet ihren Abschluß in dem sechssäuligen, auf einem Podium erhöht stehenden Tempel der Venus Genetrix, der Stammutter der Familie des Diktators.

Die Läden an der Südseite weisen auf das immer noch geltende Konzept hin, das Forum müsse mehrere Aufgaben in der Gesellschaft erfüllen: Ebenso deutlich wird aber, daß über die praktische Zielsetzung, den für das öffentliche Leben verfügbaren Raum zu vergrößern, endgültig der Wille übergeordnet wird, einen charismatischen Machtbegriff zu verherrlichen, zu propagieren und durchzusetzen. In der Tat war der Tempel ein idealer Abschluß des Gesamten, doch bildete das Reiterstandbild Cäsars noch einen zweiten Pol in der Mitte des Platzes und zog die Aufmerksamkeit unfehlbar auf sich.

Aus architektonischer Sicht bietet der Tempel der Venus Genetrix einige interessante Aspekte. Die traditionelle Form des auf einem Podium stehenden Heiligtums mit Hauptansicht von vorne weist zwei neue Varianten auf: zunächst den Apsidialabschluß der Cella, der in der Kaiserzeit (und noch später) erfolgreich weiter angewendet wird; zweitens wird die Cella auch nach oben – wahrscheinlich durch ein Gewölbe aus Zementmauerwerk – abgeschlossen. In einer Zeit, in der das klassische Baumaterial Marmor ist, stellt dies eine der wenigen Anwendungen im Oberbau – und nicht nur im Unterbau (Podium) – einer Bautechnik dar, die ein Jahrhundert später – vielleicht noch früher – die römische Baukunst revolutionieren und sogar Grundlage des modernen Bauwesens werden sollte.

Der Großteil des Forums durchlief zwei substantielle Restaurierungsphasen: Die wichtigere unter Trajan steht im Zusammenhang mit den Arbeiten am neuen Forum und bringt unter anderem die Anfügung der *Basilica Argentaria* – wie man annimmt wohl für eine Schule – an der Südwestecke. Die zweite wurde von Diokletian durchgeführt.

Die Kunst als Feier

Die Machtübernahme durch Augustus scheint eine echte politische Revolution bewirkt zu haben: Der neue Staat möchte als Restauration des alten gelten – oder einfach erscheinen. Tatsächlich ist er jedoch das Ergebnis der Bürgerkriege, deren Hauptelemente das Heer und sein Befehlshaber sind.

Die Revolution führt zu einer Form der absoluten Macht, die im gesamten Reich nicht nur gerechtfertigt, sondern auch propagiert werden muß, und Augustus versteht es, sich den belehrenden, bildhaften und verherrlichenden Charakter der Kunst als Medium für seine Propaganda zunutze zu machen.

Den Ausgangspunkt für sein Werk auf dem Gebiet des Bauwesens bildeten die Bauprogramme Cäsars. Zunächst stellte er das Forum seines Adoptivvaters fertig; dann sorgte er für die Errichtung des Tempels zu Ehren des Divus Iulius (die Vergöttlichung nach dem Tod war in den hellenistischen und orientalischen Monarchien üblich) an der Ostseite des Forum Romanum sowie für den Wiederaufbau der *Basilica Iulia*; ihre inneren Gänge sind in der Technik des *opus caementicium* überwölbt, statt Holzdecken zu tragen. Nur das Mittelschiff weist eine solche Holzdecke auf.

Den Höhepunkt seines Programms stellt jedoch der Bau des neuen Forums dar.

Das Modell Cäsars gilt auch für die Gestaltung des Augustus-Forums, dessen Bau auf die gleiche Notwendigkeit der Raumbeschaffung (wegen der immer noch zunehmenden Verwaltung) und Absicht der Selbstverherrlichung zurückgeht. Der gleiche – stark verlängerte – rechteckige Grundriß, der an den Seiten von einem Säulengang abgeschlossen wird – lenkt auch hier den Blick auf den Endpunkt einer gut abgestimmten und gegliederten Perspektive, auf den Tempel, der dem Mars Ultor, d.h. dem Gott Mars als Rächer des Todes von Cäsar, geweiht ist. In der Mitte des

Platzes für alle gut sichtbar prangte die Quadriga des Augustus.

Die Gesamtanlage sowie die Ausschmückung wurde jedoch mehr als ein Schaustück persönlicher Macht, nämlich darüber hinaus ein herrliches Monument des Friedens und der Harmonie – der Botschaft eines Mannes, der seine monarchistischen Ideen unter dem Mantel einer Huldigung an die Tradition verbarg. Und Tradition war in Rom gleichbedeutend mit der Republik. So bildet der Säulengang an den Tempelseiten zwei bogenförmige Exedren, die durch ihre Rundung eben den Begriff der Harmonie ausdrücken sollen und von den Statuen berühmter Männer »bevölkert« werden: In der nördlichen Exedra sind es Aeneas, Iulus und all die Vorfahren der Julier, im Süden Romulus und die Großen (*summi viri*) der Republik. Dadurch wird eine feinsinnige Verschmelzung der Geschichte Roms mit der Geschichte der *gens Iulia* erreicht: Wenn die Größe Roms verherrlicht wird, verherrlicht man damit praktisch denjenigen, der als Erbe der Julier Rom zum Höhepunkt seiner Macht geführt hat.

Die Tendenz, das Forum auf die Mitte hin sowie zum in sich geschlossenen Raum auszurichten, verstärkt sich; von der Umgebung wird es durch eine hohe Mauer und zwei Bogentore abgetrennt (die diesem Konstruktionstyp eigene Schrankenfunktion ist bekannt).

In diesem Bauwerk erkennt man die volle Tragweite des berühmten Ausspruchs von Augustus, er habe eine Stadt aus Lehmziegeln vorgefunden und in Marmor gekleidet hinterlassen. Im öffentlichen Bauwesen wird tatsächlich ab diesem Zeitpunkt verstärkt weißer Carrara-Marmor als hochwertiges Baumaterial für die Außenverkleidung des Tuffsteins verwendet.

Im Cäsar- und im Augustus-Forum wird eine Tendenz zu kleineren Abmessungen – Folge der horrenden Grundstückspreise – und zu klassischem Maß erkennbar, das weder die traditionellen Bauten erstickt noch die bestehende Umwelt beeinträchtigt. Auch die Neugliederung des Forum Romanum steht durchaus im Einklang mit diesem städtebaulichen Konzept. Und dort wie auch auf dem Forum Romanum verstärken sich mit der Errichtung des Augustus-Bogens sowie des Gaius- und Lucius-Bogens – die eine echte Abtrennung des Platzes vom übrigen Gelände bewirken – die Auffassung des Forums als Innenraum ohne Ausrichtung nach außen hin sowie die Notwendigkeit, die Propagandazwecke der Herrscherfamilie zu erfüllen. Als Gegenstück zum Augustus-Bogen entsteht später der Tiberius-Bogen dort, wo die Via Sacra gen Westen aus dem Forum hinausführt.

Von hohem Interesse ist ein monumentaler Gebäudekomplex, der sogenannte Friedenstempel (*templum pacis*), der aber in Wirklichkeit ein echtes Forum darstellt. Er wurde von Vespasian an der Stelle des früheren *Macellum* errichtet, um an den nach den schrecklichen Bürgerkriegen von 69 n. Chr. wiederhergestellten Frieden zu erinnern. Der Grundriß der Anlage ist leider fast vollständig zerstört, jedoch aus den Fragmenten des Stadtplans rekonstruierbar, den Septimius Severus aus Marmor anfertigen ließ. Er ist in einer Aula im Inneren zu finden, zu der man über den Säulengang rechts des Tempels gelangt.

Der weiträumige, rechteckige Platz, als Garten angelegt und von Säulengängen umgeben, wies als Abschluß im Hintergrund den Tempel auf. Er stand nicht auf einem Podium und fügte sich unaufdringlich in die Mitte der Säulengänge ein, sozusagen ohne deren Linienführung zu unterbrechen, aus der ihn nur der höhere Giebel heraushob. An seinen Seiten befanden sich Bibliotheken und Galerien, in denen Beutestücke aus dem Krieg mit den Juden (71 n. Chr.) – sie sind auf den Reliefs des Titus-Bogens abgebildet – sowie zahlreiche Kunstwerke von Myron, Phidias, Naukydes, Leochares, Polykletos, Protogenes und Nikomachos ausgestellt waren.

Zwischen den Komplex des Augustus-Forums und den des Forums von Vespasian fügt sich –

noch in der Ära der Flavier – das *Forum transitorium* ein, das fast vollständig von Domitian errichtet, aber erst von Nerva eingeweiht wurde. Das Beiwort zeigt bereits sein wesentlichstes Merkmal an: Es stellt die Verbindung zwischen den Foren, dem Friedenstempel und der *Subura* her.

Der verfügbare Raum war lang und schmal und ließ daher den Bau eines Säulenganges nicht zu. Dieser wurde jedoch durch eine Reihe hoher Säulen ersetzt. Sie lehnten sich praktisch innen an der Einfriedungsmauer an und waren durch je einen kurzen Architrav mit ihr verbunden. Der Bühneneffekt wurde somit gewahrt, und der der Minerva geweihte Tempel im Hintergrund in seiner Ansicht von der Mittelachse aus hervorgehoben. Dieser Tempel wird wiederum nach dem bewährten Konzept der Cella mit Halbrundabschluß (Apsis) gebaut. Und als Gegenstück dazu wird das Motiv der geschwungenen Linie wiederaufgenommen in der hufeisenförmigen Exedra, die zur *Subura* hingewendet ist.

Die Bautätigkeit der Flavier erstreckt sich auch auf das Forum Romanum. Die Weiterverfolgung des von Augustus durch die Errichtung des Tempels des vergöttlichten Julius festgelegten Zwekkes, die Herrscherfamilie zu verherrlichen, führt am Ende des Jahrhunderts am Fuß des Kapitols zum fast symmetrischen Bau des Tempels zu Ehren der vergöttlichten Kaiser Vespasian und Titus – eines sechssäuligen, korinthischen Tempels mit Vorhalle mit einem Fries, der mit Opfergeräten und Bukranien verziert war. Seine Cella ist wegen des knappen Raumes breiter als lang – eine Lösung, die bereits im nahegelegenen Tempel der Concordia angewandt wurde.

Derselben Absicht entsprang auch der große Tempel, der (141 n. Chr.) Faustina – der Gattin des Kaisers Antoninus Pius – und – nach dessen Tod – auch seinem vergöttlichten Namen geweiht wurde. Die imposanten Überreste dieses Gebäudes – Säulen aus Cipollin-Marmor, Kapitelle und Architrave der Fassade und der Vorhalle aus weißem Marmor – wurden später in die Kirche San Lorenzo in Miranda eingebaut.

Das alte Forum der republikanischen Ära verlor somit alle seine ursprünglichen Funktionen und wurde zu einem Raum mit rein repräsentativer Aufgabe im Dienst der Ideale der Herrscherfamilie. Später wurde dort die Reiterstatue Domitians – sogar noch zu dessen Lebzeiten (91 n. Chr.) – aufgestellt, ein untrügliches Zeichen für die Absicht, das Prinzip der Kaisermacht unmittelbar zu verdeutlichen.

Die Statue Domitians wurde nach seinem Tod zerstört (96 n. Chr.). Nur zwei Jahrhunderte später tauchten an dieser Stelle Monumente der absoluten Herrschergewalt, die zu diesem Zeitpunkt unverhüllt gefeiert wurde, wieder auf: Im Jahre 303 n. Chr. die Ehrensäulen zur Erinnerung an das zehnjährige Bestehen der Tetrarchie, der von Diokletian eingeführten Regierungsform, in der zwei *Augusti* (Diokletian und Maximinian) und zwei *Caesares* (C. Galerius und Constantius Chlorus) als designierte Nachfolger sich die Herrschaft teilten; einige Jahre später die Kolossalstatue Konstantins, genau an derselben Stelle wie die Domitians; und schließlich die Phokas-Säule, von der noch die Rede sein wird.

Das Forum als Verherrlichung des Kaisers

Das letzte und größte der Kaiserforen ist das Trajans-Forum. Diese Gesamtanlage – Forum und Märkte – läßt eine zeitliche Einheit zwischen Planung und Ausführung erkennen, wobei jedoch für die beiden Bestandteile verschiedene architektonische Sprachen benützt wurden. So verursachte der Forumsbau durch Abtragung und Terrassierung des Quirinals einen kühnen Eingriff in die Landschaft, die Märkte maskierten jedoch diese unnatürlichen Einschnitte geschickt, indem sie die Abtragung am Hügel mit Terrassen zudeckten und einen großartigen Theatereffekt erzeugten. Die Einheitlichkeit ergibt sich auch aus dem Aussehen und der Verteilung der Flächen, die innerhalb der geschickt gegliederten Umfassungslinie – gebildet vom Säulengang im Nordwesten mit seinem Halbrund und der Apsis der *Basilica Ulpia* – wie eingezwängt erscheinen. Unter dem Nützlichkeitsaspekt wurden Räume für politisch-administrative, kaufmännische und Unterrichtszwecke (*Auditorium*) nebeneinander angeordnet, als ob man den allumfassenden Wert der städtischen Einrichtungen wieder zurückerobern wollte, den das Forum anfangs besessen hatte. All dies verdankte Rom dem großen Apollodorus von Damaskus, dem Architekten des Kaisers, der diesen in den Dakerkriegen begleitet hatte.

Das Eingreifen Trajans hat daher vielfältige Aspekte: Da wäre zunächst die ideologische Bedeutung des Forumkomplexes mit seiner offenkundigen politischen Botschaft: Trajan, der erste aus der Provinz gebürtige Kaiser und ein großer Feldherr, sucht einerseits die Verknüpfung mit seinem größten Vorgänger, nämlich Augustus, der die Form der Kaiserherrschaft begründet hat, und andererseits distanziert er sich davon. Er greift zwar für sein Forum weitgehend den Grundriß des augusteischen, von Mauern umschlossenen Platzes auf, wo der von dem irdischen Gottwesen den Menschen gebrachte Frieden verherrlicht wurde, hat aber bei seinem neuen Forum den neuen Frieden im Sinn, der diesmal den Feinden mit Waffengewalt aufgezwungen wurde.

Daß der Tempel als Bautyp verschwindet und durch die Basilika ersetzt wird, bedeutet ein deutliches Abrücken von der Tradition. Dies ist jedoch der natürliche Gang der Dinge im Lauf der Zeit: In Wirklichkeit hatte nämlich schon beim Cäsar- und Augustus-Forum der Tempel zwar den architektonischen Schwerpunkt gebildet, den ideelen jedoch zweifellos die Statue des Kaisers. Nun erneuert sich die architektonische Perspektive mit der Basilika anstelle des Tempels; die Bedeutung des monumentalen Gebäudekomplexes jedoch erklärt sich viel einfacher: das Forum muß vor allem Trajan als Feldherrn und erleuchteten Staatenlenker verherrlichen; für den praktischen Sinn eines Soldaten reichen die Kolossalstatue des Kaisers und die Säule mit den Reliefbildern, die die Geschichte seiner Taten erzählen, aus. Und sicherlich holte sich Apollodorus seine Anregungen für das Forum von der Militärarchitektur, genauer gesagt, vom *praetorium*, einem eminent wichtigen Teil des römischen Feldlagers.

Dieser große Architekt hatte sicherlich auch Anteil am Entwurf, wenn nicht sogar an der dekorativen Ausgestaltung der berühmten Säule mit ihrem sich emporwindenden Reliefband. Sie weist einen engen Zusammenhang mit den Bauarbeiten in der Stadt auf: die Inschrift auf ihrem Sockel weist darauf hin, daß ihre Höhe der Tiefe der Abtragung am Quirinal entspricht. Und in der Höhe ist dieses Monument auch tatsächlich eingebunden. Festzuhalten ist die präzise Platzwahl in einem Raum, der sich zwar – nach der Abgrenzung durch die Basilika – wieder, jedoch nur sehr begrenzt, zwischen den beiden Bibliotheken und dem Tempel öffnet (dieser von Hadrian dem vergöttlichten Trajan geweihte Tempel ist nicht mit Sicherheit dem ursprünglichen Projekt zuzuschreiben); daher ist die eigentliche Öffnungsrichtung die nach oben. Der Blick schweift an der Reliefspirale der Säule empor zum logischsten aller Abschlüsse: der Trajans-Statue, der traditionellen Ehrensäule.

Dies ist das erste bedeutende offizielle Bauwerk, in dem man sich von der Last der griechischen Tradition befreit. Wenn auch die Typologie der Säule als Unterbau für eine Statue zu den gängigen Begriffen gehört, so ist doch die Idee, deren Schaft mit einem fortlaufenden, 200 Meter langen Reliefband spiralförmig zu umwinden, vollkommen neu. Auf dem Relief werden die Ereignisse der beiden Dakerkriege (101-102 und 105-107 n. Chr.) erzählt, die im Rahmen einer Politik der Ausdehnung gen Osten zur Bildung einer neuen, an Gold und Eisen reichen Provinz geführt hatten.

Mit Recht hat man den Ausgangspunkt für die figürlichen Darstellungen an diesem Monument in den Triumphbildern entdeckt, und zwar wegen der extremen Wirklichkeitstreue und der genauen Wiedergabe der landschaftlichen Details und Kleidertracht. Diese Reliefs reden eine Sprache, die zwar noch der naturalistischen hellenistischen Tradition verhaftet ist, jedoch in Form eines viel ausgeprägteren Expressionismus und eines fein abgestimmten organischen Zusammenhangs erneuert wird. Erreicht wird dadurch ein glückliches Gleichgewicht zwischen der Kultur der griechischen Kunst und den latinisch-italischen Traditionen in einem rein römischen Stil.

Von der Bipolarität der architektonischen Ausdrucksformen war bereits die Rede. Auf dem Forum deuten die Details der Architektur – sowohl in der Gestaltung als auch in den Materialien – auf eine gewollte Rückkehr zum Klassizismus der augusteischen Zeit hin; konservatives Denken vermischt sich auf feine und wirkungsvolle Weise mit innovativer Grundrißplanung.

Neu hingegen ist der Baustil der Märkte – und von eminenter Bedeutung für die Entwicklung. Dies gilt sowohl für die bewunderungswürdige Anordnung der Anlagen übereinander als auch für die Anwendung des *opus caementicium*, eines Mauerwerks aus Zementmörtel und steingemisch, sowie des Ziegels als Oberflächenmaterial. Im Hinblick auf den nützlichen Zweck des Baukomplexes gerät die architektonische Ausschmückung nüchtern. Abgesehen von dem Halbrund in der Mitte wird die Wandfläche fast ausschließlich von der klaren Geometrie der Tore, Fenster und Balkone belebt: Ihre Öffnungen nehmen der Baumasse die Schwere. Da sich diese Masse in ihrer Gliederung an die Unebenheiten des Boden anpassen muß, erscheint sie selbst dank ihrer kühn geknickten und in rhythmischen Abständen durch Bauwerke unterbrochenen Linien als Zierwerk.

Mit dem Trajans-Forum war zwar das Ende der Zeit gekommen, in der die Plätze im denkmalreichen und verwaltungstechnischen Zentrum des kaiserlichen Roms größer und zahlreicher wurden, doch damit war die Interventionspolitik der Herrscher, die die Neuordnung, Restaurierung oder einfach nur die Integration des Bautenbestandes auf dem ältesten öffentlichen Platz Roms – nämlich dem Forum der Republik – zum Ziel hatte, noch lange nicht zu Ende.

Zu Beginn des 3. Jahrhunderts n. Chr. entsteht dort ein großes Bauwerk: Der Septimius-Severus-Bogen füllt die einzige Ecke des Platzes aus, die noch keinen monumentalen Triumphbogen hat. Er bildet ein riesiges Pendant zu den Bogen von Titus, Augustus, Gaius und Lucius. Bei ihm ist jedoch – deutlich erkennbar – die Bedeutung des Durchschreitens, des Hindurchziehens, die der Bogen als solcher ursprünglich hatte, verloren gegangen oder zumindest abgeschwächt. Abgesehen von der praktischen und objektiv feststellbaren Tatsache, daß er Stufen aufweist, kann man feststellen, daß er in diesem Fall zu einem reinen Unterbau für die Ehrentafel mit Inschrift, die die gesamte Fläche der Attika einnimmt, sowie für die Bildtafeln geworden ist, die von den Feldzügen des Kaisers gegen die Parther (194 und 198 n. Chr.) berichten.

In diese Zeit datiert man auch den sogenannten *Umbilicus Urbis*, ein Rundbau aus Ziegeln, der genau neben dem hier beschriebenen Bogen stand und die Stadtmitte bezeichnete – eine Nachbildung ähnlicher Bauwerke, die in griechischen Städten üblich waren.

Mit der Tetrarchie beginnt die letzte Phase der großen Baukunst auf dem Forum; die Autorität des Senats wird neu bekräftigt, traditionsgemäß durch Diokletians Restaurierung der Kurie, die dem Gebäude das heute noch sichtbare schlichte und strenge Aussehen gab, noch verstärkt durch den Wegfall des Säulengangs an der Vorderfront sowie der Stuckverkleidung – sie griff das Bossenwerk auf und belebte dadurch die Fläche.

Bereits außerhalb des Forumsareals im engeren Sinne, aber eng mit diesem verbunden, erbaute Maxentius dort, wo früher ein Komplex von Lagerhäusern aus flavischer Zeit gestanden hatte, die letzte römische Basilika – die einzige, die mit der Bautradition brach und Beton für die gesamte Decke verwendete. Ihr von Westen nach Osten gerichtetes Mittelschiff endete in der Westapsis, die eine Kolossalstatue des Kaisers aufnehmen sollte. Das Mittelschiff besaß ein dreifaches Kreuzgewölbe auf ebensoviel hohen Jochen und je drei tiefe, tonnengewölbte Räume in den beiden Seitenschiffen (die der Nordseite sind heute noch sichtbar). Das Bauwerk wurde von Konstantin nach seinem Sieg über Maxentius (312 n. Chr.) fertiggestellt und eingeweiht; dabei wurde jedoch die ursprüngliche Achse durch eine Süd-Nord-Querachse ersetzt. Das Gebäude bekam im mittleren Raum der Südseite einen neuen Eingang, der direkt auf die Via Sacra hinausführte, und gleichzeitig eine neue Apsis an den entsprechenden Raum der Nordseite.

Mit diesem Bauwerk kann der kleine Rundtempel, der knapp westlich davon liegt, mit seinem Kuppeldach und seiner originellen, von vier Nischen unterbrochenen Fassade in Zusammenhang gebracht werden. Vermutlich ist es der kleine Tempel der Penaten, der von Konstantin als Ersatz für ein früheres Bauwerk, dem Kult dieser uralten, mit dem trojanischen Sagenkreis verwobenen Götter geweiht, erbaut wurde. Dieses war nämlich durch die Bauarbeiten an der nahegelegenen Basilika zerstört worden.

Das letzte auf dem Forum aufgestellte Monument stellt gleichzeitig den Endpunkt der Forumsgeschichte dar: Es ist die Säule, die dem byzantinischen Kaiser Phokas dort im Jahre 608 n. Chr. vor den *Rostra* aufgestellt wurde. Die Säule selbst stammt aus dem 2. Jahrhundert n. Chr. und wurde wiederverwendet. Phokas verdient außerdem Erwähnung, weil er Papst Bonifaz IV. das *Pantheon* schenkte, das später in eine Kirche umgewandelt und so vor dem Verfall gerettet wurde. Sein Ruf als Herrscher wird nämlich sonst nur mit blutigen Greueltaten in Verbindung gebracht.

M. Curtius stürzt sich in den Abgrund; *Relief vom* Lacus Curtius
auf dem Forum Romanum (Rom, Konservatorenpalast)

Auf den vorhergehenden und diesen Seiten sind Gesamtaufnahmen des Römischen Forums zu sehen. Die Ausgrabungen der letzten hundert Jahre lassen uns das Forum Romanum als kompliziertes Gefüge von Bauwerken erscheinen, das vom Laien kaum entwirrt werden kann, weil die »Zeichen« einer langen Vergangenheit so zahlreich sind und sich übereinanderschichten. Die Senke des Forums – von foras, *außerhalb des Wohngebietes – am Fuße des Palatin-Hügels, der am frühesten besiedelt war – war seit der Eisenzeit ein Ort der Begegnung, gleichzeitig Marktplatz und teilweise auch Friedhof. Die Anlage hatte daher von Anfang an eine zweifache Funktion, die sie immer beibehalten sollte: eine sakrale und eine politisch-wirtschaftliche. Die*

zahlreichen Monumente – aus der Zeit der Könige bis in die späte Kaiserzeit – schichten sich in einem komplizierten Aufbau übereinander. Die Ausgrabungen der Neuzeit rekonstruierten dieses Erscheinungsbild, das Mittelalter und Renaissance verwüstet hatten: das Forum Romanum, das damals Kuhfeld genannt wurde, galt als Baumateriallager, von dem sich die Päpste und Adelsfamilien holten, was sich brauchten. Die »Wiederentdeckung« des Forums war das Werk der Archäologen Pietro Rosa, Giuseppe Fiorelli, Giacomo Boni, Alfonso Bartoli, Romanelli, Carrettoni und Fabbrini.

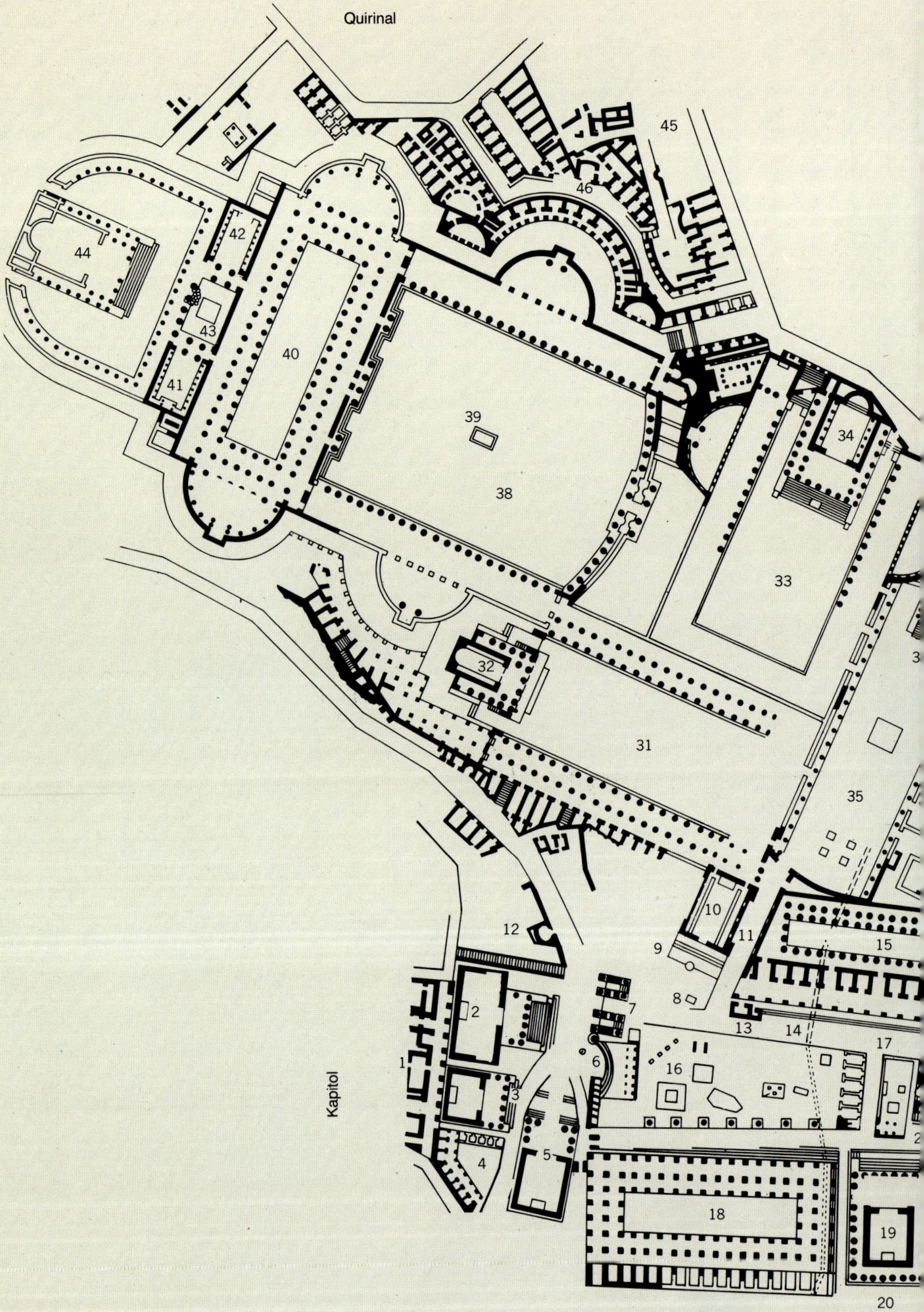
Quirinal
45
46
44
42
43
40
41
39
38
34
33
32
31
35
10
11
9
12
15
8
7
2
13
14
17
1
6
16
3
Kapitol
4
5
18
19

Lageplan des Forum Romanums und der Kaiserforen

1 *Tabularium*
2 Tempel der Concordia
3 Tempel von Vespasian und Titus
4 Portikus der Konsenten
5 Tempel von Saturn
6 *Rostra*
7 Septimius-Severus-Bogen
8 *Lapis Niger*
9 *Comitium*
10 Kurie
11 Argileto
12 Gefängnis Mamertino
13 Janus-Tempel
14 Heiligtum von Venus und Cloacina
15 Basilika Aemilia
16 Phoka-Säule
17 Via Sacra
18 Basilika Julia
19 Tempel der Dioskuren oder von Castor und Pollux
20 Brunnen der Juturna
21 Tempel des Gottes Julius
22 Augustus-Bogen
23 *Regia*
24 Vesta-Tempel
25 Haus der Vestalinnen
26 Tempel von Antoninus und Faustina
27 Der sogenannte Tempel von Romulus
28 Basilika von Maxentius
29 Titus-Bogen
30 Tempel von Venus und Roma
31 Cäsar-Forum
32 Tempel von Venus Genetrix
33 Augustus-Forum
34 Tempel von Marte Ultore
35 Forum von Nerva oder Übergangsforum
36 Tempel von Minerva
37 Tempel der Pax
38 Trajan-Forum
39 Reiterstatue von Trajan
40 Basilika Ulpia
41 Lateinische Bibliothek
42 Griechische Bibliothek
43 Trajanssäule
44 Tempel des Gottes Trajan
45 Trajanische Markte
46 Via Biberatica

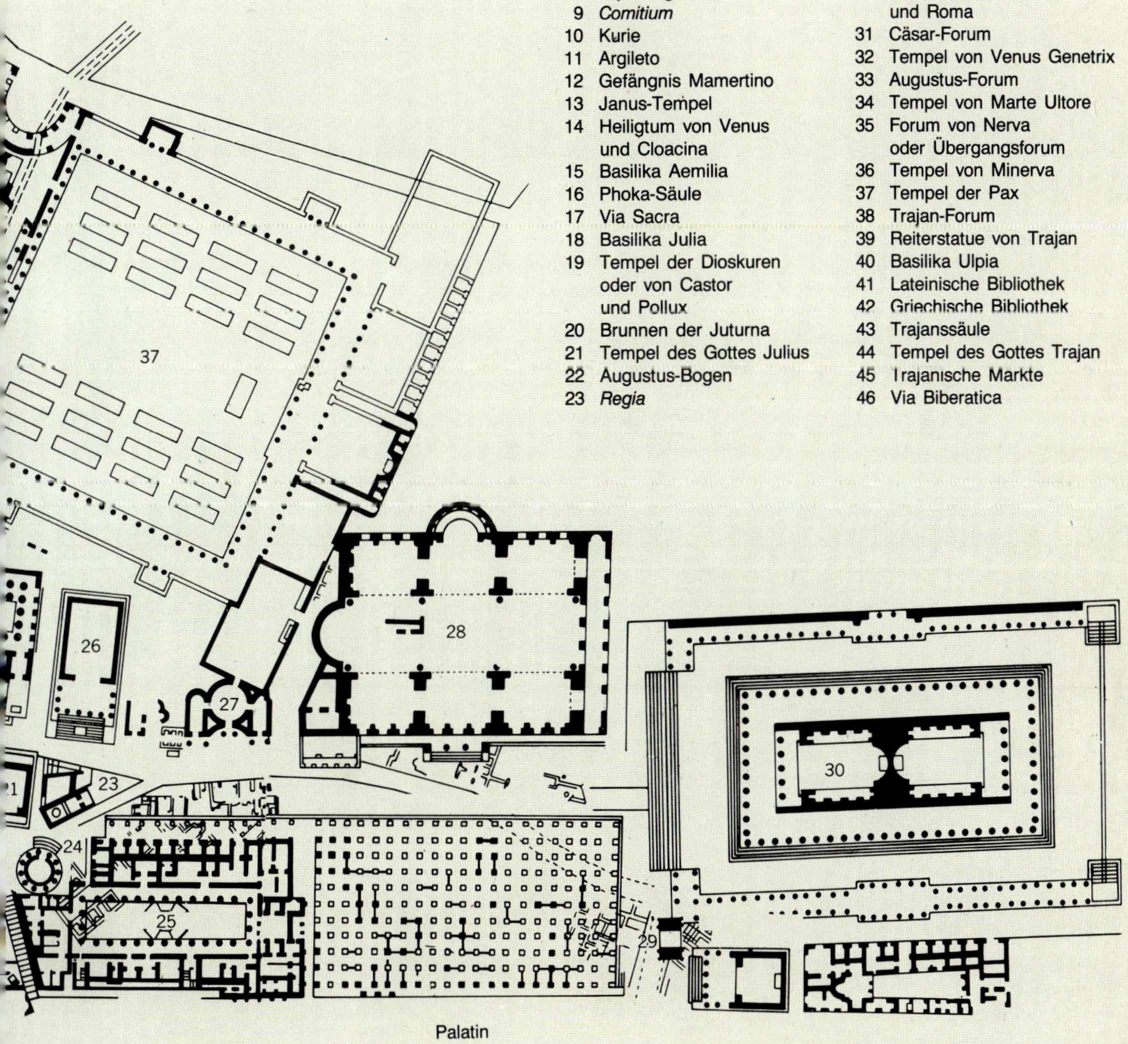

Im Bereich des Comitium *wurde 1899 eine fast quadratische, mit schwarzem Marmor gepflasterte Fläche gefunden, unter der eine Anlage aus archaischer Zeit zum Vorschein kam (rechts oben): es ist ein Heiligtum, Grab oder Heroon, das eine Stele mit der ältesten Inschrift in lateinischer Sprache enthält; sie ist mit griechischen Buchstaben und in Bustrophedon-Schreibweise (in der die Zeilen abwechselnd von links nach rechts und rechts nach links laufen) abgefaßt; die Inschrift des* Lapis Niger *ist noch nicht mit letzter Sicherheit eingeordnet und entschlüsselt. Dieser »Schwarze Stein« könnte das Romulus-Grab oder ein antikes Heiligtum einer unbekannten Gottheit sein. Die Inschrift bezeichnet ihn als heiligen und schicksalsträchtigen Ort. Der* Umbilicus Urbis *(rechts unten), also der Nabel bzw. Mittelpunkt der Stadt, wird von einem zylinderförmigen Ziegelbau aus der Zeit der Severerkaiser gebildet; ganz in der Nähe des Septimius-Severus-Bogens befand sich auch das* Miliarium aureum, *ein fiktiver Punkt, von dem aus die Entfernungen bemessen wurden und von dem die Straßen des Reiches ausgingen. Augustus markierte ihn mit einer Säule. S. 23 unten zeigt ein Fragment davon. Auf S. 23 oben ist der Sockel des* Equus Constantii, *des Reiterstandbilds des Kaisers Constantius, nahe beim Septimius-Severus-Bogen, zu sehen.*

Die folgenden Seiten zeigen den imposanten und fast unversehrt erhaltenen Triumphbogen des Septimius Severus aus dem Jahre 203 n. Chr. Er weist drei Bogen und eine Attika auf, die eine großartige, Septimius Severus und Caracalla gewidmete Inschrift trägt: Beide waren im Vorjahr vom zweiten Partherfeldzug siegreich heimgekehrt. Das Bauwerk aus Travertin und Ziegeln ist mit Marmorplatten verkleidet und erhält sein charakteristischen Aussehen vor allem durch vier »freistehende« Säulen auf hohen Plinthen (Sockeln) und durch die Ausschmückung mit historischen Reliefs, die einen starken Hell-Dunkel-Kontrast aufweisen. Auf den großen Tafeln über den kleineren Bogen sind die wichtigsten Taten der beiden Kaiser und die Eroberung der Partherstädte Seleucia, Edessa und Ctesiphon abgebildet, auf den Eckzwickeln über den Hauptbogen sind geflügelte Siegesgöttinnen und die Genien der Jahreszeiten zu sehen, auf denen der kleineren Bogen große Flußgottheiten nach hellenistischen Vorbildern; dagegen weist der Stil der Reliefs in der summarischen Behandlung der Darstellungen, ihrer linearen Anordnung und Massierung bereits in die Spätantike. Die Attika des Triumphbogens war von einer prachtvollen Quadriga aus Bronze gekrönt.

INSIGNIBVS·VIRTVTIBVS·EORVM·DO

PROPAGATVM
S · P · Q · R

Unten: Der Sockel einer Ehrensäule des Monuments zum zehnjährigen Bestehen der Tetrarchie. Es wurde vermutlich 303 n. Chr. anläßlich des Rom-Besuchs von Kaiser Diokletian errichtet; vom gesamten Monument ist nur ein Sockel erhalten. Er trägt auf einer der vier Seiten die Inschrift: »Caesarum decennalia feliciter«; *auf den übrigen Seiten finden sich Szenen, in denen dem Kriegsgott Mars Trankopfer sowie Opfertiere (*suovetaurilia*) in Gegenwart des Kaisers, der Priester und des Senats dargebracht werden. Auf der gegenüberliegenden Seite ist im Vordergrund die Säulenreihe des Saturn-Tempels und eine Ansicht der Basilica Iulia zu erkennen.*

Von der ehemaligen Basilica Iulia (links, vorne) sind nur das Podium aus Ziegelsteinen, die Eingangsstufen und der Unterbau der Säulen übrig. Im Hintergrund sieht man die Ruinen des Dioskuren-Tempels. Der Bau der Basilika wurde von Cäsar 54 v. Chr. an der Stelle der früheren Basilica Sempronia begonnen und von Augustus fertiggestellt; in der Folge wurde er zweimal durch Brand zerstört und wiederaufgebaut, das erste Mal unter Augustus, später unter Diokletian. Die noch vorhandenen Säulenreste des Tempels der Dioskuren Kastor und Pollux gehen auf die Rekonstruktion unter Tiberius zurück. Der Kult der Dioskuren ist griechischen Ursprungs, läßt sich aber in Rom und Latium schon seit dem 6. Jahrhundert v. Chr. nachweisen. An dieser Stelle sollen nach der Legende die Zwillingsgötter erschienen sein, um den Sieg der Römer am Regillussee (496 v. Chr) zu verkünden und ihre Pferde an der Juturna-Quelle zu tränken. In unmittelbarer Nähe der Quelle wurde der den beiden Dioskuren geweihte Tempel errichtet. Die Abb. rechts zeigt das Heiligtum der Juturna, die in der latinischen Überlieferung mit der Nymphe gleichen Namens, einer Schwester des Turnus, identisch ist. Die Quelle erhielt in der republikanischen Ära monumentalen Charakter und wurde in der Zeit Trajans und der Severerkaiser nochmals ausgeschmückt.

*Unten: Die spärlichen Überreste des Triumphbogens von Augustus, dessen Errichtung nach der Schlacht von Actium vom Senat beschlossen wurde. Dieser Bogen wurde 29 v. Chr. errichtet und 19 v. Chr. umgestaltet. Er besaß drei Öffnungen, einen Mitteldurchgang mit Gewölbe und Seitendurchgänge mit flacher Decke. In letzteren waren auf Tafeln die Konsular- und Triumphalfasten (*fasti = *Ehrenverzeichnis) angebracht, auf denen die Konsuln und Triumphatoren seit dem Beginn der Republik verzeichnet waren (gegenüberliegende Seite). Heute befinden sich diese auf dem Kapitol in einem Saal des Konservatorenpalastes, eingefügt in die Architektur Michelangelos.*

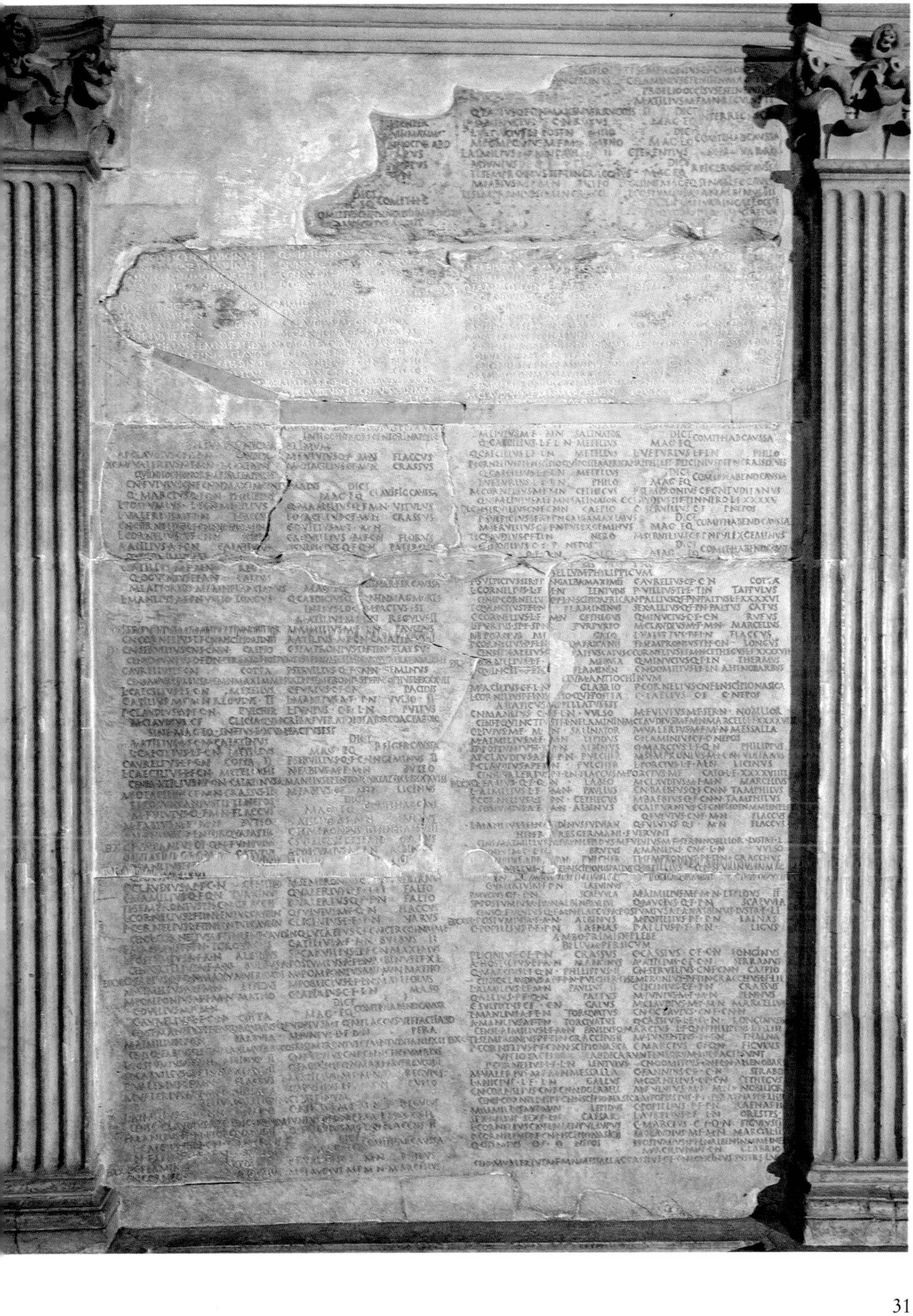

Oktavian ließ 29 v. Chr. auf dem Forum dem Divus Iulius (vergöttlichten Cäsar) einen Tempel errichten, und zwar an der Stelle, an der die Leiche des Diktators eingeäschert worden war. In Rom war dies das erste Mal, daß ein Herrscher nach seinem Tod vergöttlicht wurde – ein Brauch, der aus dem Orient übernommen und während der Kaiserzeit noch öfter nachgeahmt wurde. Der Tempel des Divus Iulius (rechts) war wahrscheinlich korinthisch. Er hatte eine Cella, vor der 6 Säulen angeordnet waren, und vor dem Vorhof eine Rednertribüne (rostra ad aedem divi Iulii), *die mit den Rammspornen der Schiffe geschmückt war, die Oktavian bei Actium (31 v. Chr.) von den Ägyptern erbeutet hatte. Im Inneren der Cella erhob sich die Statue Cäsars, über dessen Kopf ein Stern zu sehen war; dasselbe Bild war auch auf dem Giebelfeld zu sehen. Von diesem Tempel sind heute nur noch einige Reste des Podiums erhalten, in den später der Rundaltar für Brandopfer eingefügt wurde (vorne). An den Hängen des Palatins (im Hintergrund) entstanden neben den Tempeln und anderen öffentlichen Gebäuden auch die Häuser berühmter Bürger sowie die* Domus Augustana, *die Residenz der Kaiser.*

Die Seite 34 zeigt eine Teilansicht aus dem Atrium des Hauses der Vestalinnen: Einige Figuren stellen die jungfräulichen Priesterinnen dieser Göttin dar. Das Haus der Vestalinnen war ein großer Bau, der ursprünglich sicher mehrere Stockwerke hatte und mehrfach um- und wiederaufgebaut wurde. Die radikalste Veränderung erfuhr er nach dem Brand des Jahres 64 n. Chr. unter Nero. Er stand in Verbindung mit dem Vesta-Tempel, in dem das heilige Feuer – Sinnbild des Lebens der Stadt Rom – aufbewahrt wurde. Dieses Heiligtum, das in die fruheste Zeit zurückreicht und nach der Überlieferung zugleich mit den ersten Stadtmauern errichtet worden war, wurde mehrmals zerstört; zuletzt wurde es in seiner heutigen Gestalt von Julia Domna, der Gattin des Kaisers Septimius Severus, nach dem Brand im Jahre 191 n. Chr. wieder aufgebaut: Um den kreisförmigen Grundriß herum standen 20 korinthische Säulen auf einem Podium aus opus caementicium mit Marmorverkleidung. In dieses Podium eingelassen war der penus Vestae, *ein Reliquienschrein mit den Gegenständen, die Aeneas nach Rom gebracht hatte. Das kegelförmige Dach hatte in der Mitte eine Öffnung, um den Rauch abziehen zu lassen. S. 35 zeigt die Überreste des Tempels.*

Links: Eine der Statuen im Atrium des Hauses der Vestalinnen. Die rechte Seite zeigt Reliefs aus der Basilica Aemilia im Antiquarium des Forums. Seite 38 zeigt oben die einzige noch vorhandene Basilika aus der Zeit der Republik, die Basilica Aemilia, die 179 v. Chr. von M. Aemilius Lepidus und M. Fulvius Nobilior erbaut und von Mitgliedern der gens Aemilia *mehrmals restauriert wurde – daher ihr Name. Sie war eigentlich ein überdachter Raum, der während der schlechten Jahreszeit die Aktivitäten des Forums beherbergen sollte. Ihre Architektur ist von griechischen Vorbildern abgeleitet, die über die Kolonien in Süditalien bekannt geworden waren. Der Bau bestand aus einem großen, rechteckigen Saal, der durch lange Säulenreihen – sie trugen das Dach – in Schiffe unterteilt wurde. Das Mittelschiff war höher und bot daher im obersten Teil Fenstern Platz. Vor der Basilika, zum Platz hin, befand sich ein zweigeschossiger Säulenportikus; hier waren zahlreiche Läden untergebracht. Zwei Details aus dem Gebälk sind auf Seite 38-39 unten zu sehen.*

Die Abbildung läßt die nüchterne Architektur der Kurie vor dem Hintergrund der Kirche der Hl. Lukas und Martina erkennen. Die Kurie – Versammlungsort des Senats – wurde der Überlieferung zufolge vom König Tullus Hostilius (daher der Name Curia Hostilia *gegründet; 80 v. Chr. wurde sie dann von sulla (oder Sylla) aus dem Geschlecht der Cornelier* (Curia Cornelia), *im Jahre 20 v. Chr. von Augustus* (Curia Iulia) *und zuletzt – nach dem Brand im Jahr 283 unter Kaiser Carinus, der einen Großteil des Forums zerstörte – von Diokletian wieder aufgebaut. Im 7. Jahrhundert wurde sie in eine Kirche umgewandelt und dem Hl. Adrian geweiht. Sie verdankt ihr heutiges Aussehen der Restaurierung der Dreißigerjahre, bei denen die späteren Aufbauten entfernt wurden und die Kurie ihr ursprüngliches Aussehen zurückerhielt, wenn auch die Stuckverkleidung der Fassade fehlt. Die Bronzetüren sind Kopien der echten, die im 17. Jahrhundert von Borromini nach S. Giovanni in Laterano gebracht wurden. Den Innenraum bildet eine einzige große Halle mit flacher Decke (die Kassettendecke ist neu hinzugekommen). Sie ist 21 m hoch, 18 m breit und 27 m hoch und hat damit etwa die Proportionen, die Vitruv in seiner Abhandlung über die Architektur beschreibt.*

Die Höhe dieses Gebäudetyps mußte halb so groß wie die Summe aus Länge und Breite sein, um eine gute Akustik zu haben. Im Saal sind drei breite, niedrige Stufenreihen zu erkennen, die die Sitze der Senatoren (ca. 300) trugen. Heute enthält die Kurie zwei Großreliefs, die in der Mitte des Forums gefunden worden sind und unter dem Namen plutei *oder Anaglypha des Trajan bekannt sind (S. 42-43). Sie dienten vermutlich als Gelanderschmuck für eine Tribüne und stellen Ereignisse aus der Regierungszeit Trajans dar:* »Institutio alimentaria« *(oben), die Bereitstellung von Krediten zu niedrigem Zinssatz für die Landwirtschaft als Gegenleistung für die kostenlose Abgabe von Lebensmittel an arme Kinder;* »Die Vernichtung der Verzeichnisse über Steuerschulden« *(unten), d.h. Steuererlaß für die Bürger. Beide Szenen spielen sich auf dem Forum ab und liefern uns so ein seltenes und wertvolles Dokument seines ursprünglichen Aussehens. Auf beiden Reliefs ist die Statue des Satyrs Marsyas beim heiligen Feigenbaum in der Mitte des Platzes zu sehen. Auf der Rückseite beider Reliefs sind Szenen mit Opfertieren dargestellt.*

Der Concordia-Tempel wurde von Furius Camillus im Jahr 367 v. Chr. zur Erinnerung an das Ende der Kämpfe zwischen Patriziern und Plebejern errichtet und später von Tiberius (7 v. Chr.–10 n. Chr.) weitgehend restauriert. Vom antiken Gebäude ist nur das Podium (unten) und die Schwelle zur Cella erhalten. Neben dem Concordia-Tempel befand sich der Tempel des Vespasian und Titus, der den beiden vergöttlichten Kaisern vom Senat gewidmet und von Septimius Severus und Caracalla restauriert wurde. Von diesem Bau, vor dessen geräumiger Cella 6 Säulen standen, sind nur 3 Säulen erhalten geblieben (siehe S. 45).

Beide Heiligtümer standen zu Füßen des Tabularium, *eines großartigen, 78 v. Chr. vom Konsul Q. Lutatius Catulus errichteten Gebäudes, das das Staatsarchiv des antiken Roms verwahrte: Es war seinerzeit als Ersatz für die kapitolinische Burg und als Hintergrundkulisse für die gewaltige »Bühne« des Forums entworfen worden. Diese Funktion wurde noch betont durch eine Reihe von Bogen in der Mitte der Fassade. Im 12. Jahrhundert wurde über dem* Tabularium *der Senatorenpalast als Sitz der Stadtverwaltung erbaut.*

Auf Seite 46 ist der große Tempel des Antoninus und der Faustina zu sehen, wie die große Inschrift auf der Stirnseite des Architravs erkennen läßt. Errichtet wurde dieser Bau 141 n. Chr. zu Ehren der Kaiserin Faustina, die in diesem Jahr gestorben und zu göttlichen Ehren erhoben worden war, von ihrem Gatten Antoninus Pius, der später in einem gemeinsamen Kult mit seiner Gattin vereinigt wurde. Von allen Forumtempeln ist er am besten erhalten. Unversehrt geblieben ist der Säulengang, der sich über einem hohen Podium erhebt. Gut erhalten ist auch die Cella, um die herum die Kirche S. Lorenzo in Miranda gebaut wurde, was im Mittelalter durchaus gebräuchlich war. Um die Seitenwände der Cella, die durchwegs aus Peperin gebaut und anschließend mit Marmorplatten verkleidet wurde, läuft ein Relieffries (rechts zwei Ausschnitte), auf dem sich gegenüberstehende Greifen mit Kandelabern und Akanthus-Ornamenten abwechseln. Die 10 mächtigen Monolithsäulen aus Cipollin-Marmor lassen am oberen Schaftende noch rundum die Rillen von Seilen erkennen. Man hat sie damit umschlungen und versucht, sie niederzureißen – sicherlich, um sie in einem anderen Bau nochmals zu verwenden. An anderen Stellen des Forums waren solche Versuche im Mittelalter oder in der Renaissance erfolgreicher.

Diese Vorderansicht des Tempels von Antoninus und Faustina (Ausschnitt) zeigt im Vordergrund die aus Ziegelsteinen rekonstruierte Treppe, die zum hohen Podium hinaufführt. In der Mitte der Treppe steht der antike, aus Ziegelsteinen erbaute Opferaltar. Die verstümmelten Statuen in den Zwischenräumen zwischen den Säulen gehörten vielleicht zum Tempel selbst. Die Typologie des römischen Tempels bleibt von der republikanischen Ära bis in die späte Kaiserzeit im wesentlichen unverändert. Sie ist das Ergebnis der Verschmelzung von bodenständigen mit griechisch-hellenistischen Elementen. Insbesondere fügen sich beim Tempel – wie auch sonst immer in der römischen Architektur – die klassischen Elemente in eine neue Beziehung zueinander. Die Ansicht der Stirnseite erhält Vorrang, der Säulengang wird auf die Vorderseite des Heiligtums beschränkt und das Ganze auf ein hohes Podium – ein italisches Erbe – gestellt. Die Treppe führt ebenfalls nur an der Vorderseite empor. Säulengang, Podium und Aufgänge betonen die nur in eine Richtung gehende bevorzugte Achsenansicht. Dieses Konzept steht in diametralem Gegensatz zu dem des griechischen Tempels, der seinen typologischen Höhepunkt in der Form des Peripteros *erreicht, der am stärksten integrierten und organischen Form, die keine Unterschiede zwischen den verschiedenen Seitenansichten macht.*

Die Basilika des Maxentius (unten) wurde von diesem Kaiser auf der Höhe der Velia in der Nähe der Via Sacra, auf dem Areal der Horrea Piperataria, *der Gewürzlager, begonnen; fertiggstellt wurde sie 324 n. Chr. von Konstantin, der jedoch den Plangrundriß veränderte, indem er die ursprünglich vorgesehene Hauptachse verlegte. Das Bauwerk, von dem nur Reste der Nordseite erhalten sind, war eines der großartigsten im kaiserlichen Rom. Der rechteckige Grundriß (100 x 65 m) war in drei Schiffe unterteilt, von denen jedes drei Joche aufwies, die im Mittelschiff quadratisch, in den Seitenschiffen rechteckig waren.*

Die Nordseite der Maxentius-Basilika (links) zeigt die unversehrt gebliebenen Tonnengewölbe der drei großen Räume, aus denen sie bestand: Im mittleren Raum verläuft die Außenwand im Bogen und bildet so eine Apsis mit Nischen, in denen früher Statuen standen. Eine weitere Apsis befand sich an der Westseite. In dieser wurde zum Zeichen für die nunmehr bevorzugte Ost-West-Achse ein riesiges Standbild von Konstantin aufgestellt (der Kopf allein maß mehr als 2 Meter), deren Überreste im Konservatorenpalast zu finden sind. Unten: ein Ausschnitt aus der Ostseite.

Seite 54–55: Attika des Titus-Bogens, der unter der Herrschaft Domitians für den Sieg in Judäa errichtet wurde. In den Eckzwickeln sind geflügelte Siegesgöttinnen und im Scheitelpunkt der Bogenwölbung ist eine Apotheose des vergöttlichten Kaisers, der von einem Adler zum Himmel emporgetragen wird, zu sehen. Im Inneren des einzigen Bogens greifen zwei große Reliefs das Thema des Triumphes in Szenen aus dem Festzug auf: Der Kaiser mit der Göttin Roma und dem Genius des römischen Senats und Volkes in der Quadriga; und der Aufmarsch der Soldaten, die die in Jerusalem erbeuteten Schätze tragen.

SENATV
POPVLVSQVERO
DIVOTITODIVIVES
VESPASIANOAV

ANVS
SIANI F
VSTO

Die Reliefs an der Bogeninnenseite des Titus-Bogens stellen ein wichtiges Kapitel und einen qualitativen Höhepunkt der römischen Kunst dar (zwei Ausschnitte links und rechts); die Figuren sind weich und »luftig« modelliert, ihre Anordnung erfolgt nicht mehr auf einer Ebene parallel zum Betrachter, sondern sphärisch oder entlang diagonaler Perspektiven, die eine echte Raumwirkung vermitteln sollen – fast schon wie ein Flachrelief des 15. Jahrhunderts. All dies weist auf eine Abwendung vom kühlen Klassizismus der augusteischen Periode zugunsten einer völlig neuen und naturalistischen Betrachtungsweise hin. Die verschiedenen Figuren treten aus dem Hintergrund hervor, den einige wenige »Zeichen« zu einem festen und durchgehenden Band werden lassen. Das Relief weist sehr unterschiedliche Tiefen auf, aber durchweg die Züge großen Könnens und echter Natürlichkeit.

An die emsige Bautätigkeit unter der Herrschaft des Kaisers Hadrian erinnern die imposanten Überreste des Tempels der Venus und Roma am Ostende des Forums. Der Tempel, der schon im Jahr 121 begonnen wurde, war beim Tod des Kaisers im Jahr 138 noch immer nicht fertig. Bei der Planung soll Hadrian mit Apollodorus von Damaskus zusammengearbeitet haben; gerade wegen dieses Bauwerks soll es zu Unstimmigkeiten und schließlich zum Bruch zwischen den beiden gekommen und der Architekt in Ungnade gefallen sein. Die große Baumasse dieses Tempels – des größten im antiken Rom – ergibt sich aus der Vereinigung zweier mit der Rückseite aneinanderstoßender Tempel, d.h. die Apsiden am Ende der beiden Cellae berühren sich. Die Decke des Doppeltempels (Gesamtlänge 164,90 m) mit einem kassettierten Tonnengewölbe bedingte die Errichtung dicker Mauern, die im Inneren durch Nischen mit Statuen darin aufgelockert, durch einen Säulengang gegliedert und durchweg mit vielfarbigem Marmor verkleidet sind. Die Teilansicht einer der beiden Cellae (links) läßt noch die Spuren der reichen Kassettendekoration in der Apsiswölbung erkennen.

Rechts: Friesfragment aus dem Tempel der Venus Genetrix am Cäsar-Forum (jetzt im Konservatorenpalast); dieses Fragment mit Puttendarstellungen stammt aus der Zeit des Tempelumbaus unter Trajans Herrschaft, was sich aus der Qualität des Reliefs voller Leben und Farbe ergibt. Die Errichtung des Tempels der Venus Genetrix wurde nach der Schlacht von Pharsalus im Jahre 48 v. Chr. beschlossen. Der Tempel sollte eine der beiden Schmalseiten des bereits begonnenen Cäsar-Forums abschließen und bestätigt einen ideologischen Gesinnungswandel des »Princeps«: Durch die propagandistisch wirkungsvolle Verherrlichung der göttlichen Stammutter der gens Iulia, *die ja ihre Abstammung auf Venus zurückführt, nimmt er seinerseits eine sakrale Funktion und göttliche Natur an; bautypologisch erscheint der Tempel als ideeller und räumlicher Abschluß des Forumsgefüges und als Mittelpunkt eines perfekt in Szene gesetzten Schaustücks. Von diesem Zeitpunkt an wird der Tempel auch aus ideologischer Sicht zu einem fundamentalen und zentralen Element, da er – wie viele Heiligtümer des hellenistischen Ostens – die göttliche Präsenz des Herrschers ausdrückt.*

Das Cäsar-Forum wurde ursprünglich unter dem Schutz eines Hügels gebaut, der den Kapitol- mit dem Quirinal-Hügel verband, später aber von Trajan eingeebnet wurde. Es hat einen rechteckigen Grundriß (160 x 75 m) mit einem doppelten Säulenportikus an drei Seiten (links: die Südwestseite), während die vierte vom Tempel der Venus Genetrix eingenommen wurde, der sich am Ende des Platzes an den Hügel anlehnte und von dem nur noch drei korinthische Säulen (links) erhalten sind. Das Forum wurde im Jahre 46 v. Chr. der Venus geweiht. Vollendet wurde es von Augustus und von Trajan später weitgehend umgestaltet.

Das Augustus-Forum greift den Plan des Cäsar-Forums wieder auf. Es ist ebenfalls ein rechteckiger Platz mit einem Tempel als Abschluß. Augustus weihte diesen dem Mars Ultor, d.h. Mars als dem göttlichen Rächer des Todes von Cäsar. Der Tempel hatte an 3 Seiten je 8 korinthische Säulen und stand auf einem hohen Podium (unten und rechts oben); um das Forum deutlich von den dahinter gelegenen Wohnvierteln abzutrennen und ein Übergreifen von Bränden zu verhindern, umschloß Augustus die gesamte Anlage mit einer gewaltigen Mauer, die eine Kulisse im Hintergrund bildete (rechts unten).

Die Abbildungen links und rechts zeigen ein Rhinozeros, einen Ziegenbock und einen Ochsen: drei der sieben kolossalen Tierköpfe, die im Museo Nazionale Romano aufbewahrt werden und mit großer Wahrscheinlichkeit vom Trajans-Forum stammen. Das Trajans-Forum ist das größte Forum Roms (300 m lang und 185 m breit); Es wurde von Trajan in den Jahren 107 bis 113 n. Chr. erbaut, wobei der Hügel zwischen Kapitol und Quirinal eingeebnet wurde. Der Architekt der großartigen Anlage war Apollodorus von Damaskus, der das Bauschema der früheren Foren insofern abänderte, als er – wie bei den Militärlagern – als Abschluß des Platzes nicht einen Tempel, sondern statt dessen eine Basilika errichtete. Ebenfalls von militärischen Vorbildern abgeleitet sind die beiden Bibliotheken – eine lateinische und eine griechische –, die die Basilica Ulpia einrahmten. Letztere erhob sich an der Stelle, wo sich früher im castrum *die Militärarchive befunden hatten. Die Säule zwischen den beiden Bibliotheken steht dort, wo sich in den Militärlagern früher die Feldzeichen (Insignien) der Legion befanden. Jenseits der Säule befand sich der Tempel des Divus Traianus, der erst nach dem Tod des Kaisers erbaut wurde.*

Die Breitseiten des Trajans-Forums öffnen sich in zwei Exedren, die früher einmal mit Marmor ausgekleidet waren (unten eine Teilansicht des Bodens). Die Exedra im Nordosten ist konzentrisch mit dem großen Komplex der Trajans-Märkte, einem Gefüge von Bauwerken, die auf verschiedenen verwinkelten Ebenen des Geländes angeordnet waren und das Handelszentrum der Stadt bilden sowie den Quirinals-Hang unten abstützen sollten (S. 70–71). Auf der untersten Ebene findet man eine große, nur aus Ziegeln bestehende Exedra. Sie endet an den Seiten in je einer Apsis und umfaßt zwei Geschoße übereinander. Im unteren Geschoß sind 11 Läden untergebracht. Ein drittes, jetzt zerstörtes Geschoß war im Gegensatz zu den beiden anderen leicht zurückgesetzt und ging

auf die rückwärts gelegene Via Biberatica hinaus. Über eine steile Stiege konnte man von dieser Straße in den zweiten Teil des Gebäudes gelangen, der aus einer großen Halle mit sechs Kreuzgewölben (links) bestand sowie aus einer Reihe von Räumen in zwei Stockwerken, die vermutlich teils als Büros für die Verwaltung des gesamten Komplexes, teils als Lagerräume für Lebensmittel verwendet wurden.

Ansicht der Via Biberatica in einem der reizvollsten und am besten erhaltenen Teile des alten Roms. In dieser Straße – ihr Name kommt vom spätlateinischen Wort biber *(Getränk) – lagen vermutlich mehrere Gaststätten. Einige der Häuser weisen noch Türeinfassungen aus Travertin auf. Rechts die Trajans-Säule, das einzige Monument der Foren, das uns praktisch unversehrt erhalten geblieben ist. Lediglich die Statue des Kaisers an ihrer Spitze wurde im Mittelalter durch eine Statue des Hl. Petrus ersetzt. Die Säule besteht aus großen Marmorblöcken, ist 40 m hoch und ruht auf einem hohen, trophäengeschmückten Sockel, in dessen kleinen Innenraum man hineingehen kann. Hier stand auf einer Marmorbank die goldene Urne mit der Asche Trajans.*

Rund um den Säulenschaft windet sich ein Reliefband empor, das die Dakerkriege (101–102 und 105–107 n. Chr.) darstellt, und zwar in eher dokumentarischer als verherrlichender Absicht, sodaß man sogar überlegt hat, ob sie nicht aus den Commentarii *eben dieses Kaisers Trajan stammen. Bekräftigt wird diese Annahme sowohl durch die Tatsache, daß in einer der beiden Bibliotheken des Forums der Text der* Commentarii *ausgestellt war, als auch durch die Form des Reliefs selbst, das spiralenförmig um die Säule herumläuft und durch eben diese Form an ein antikes Buch, eine Schriftrolle* (volumen), *erinnert – eine völlig neue Form in der römischen Bildhauerei. Die ursprünglich farbigen Reliefs erzählen mit minutiöser Genauigkeit alle Phasen der Kriege, von der* Überquerung der Donau *(rechts) bis zur Errichtung der Lager, den Schlachten, der Unterwerfung der feindlichen Anführer. Links:* Die römische Reiterei verfolgt Decebalus *(die hier abgebildeten Reliefs sind Abgüsse der Originale, die im Museo Nazionale Romano aufbewahrt werden). Zwischen die Schilderungen der beiden Kriege ist eine Siegesgöttin eingefügt, die gerade auf einem Schild schreibt. Die Säule ist das Werk des sog. Meisters der trajanischen Werkstatt und geht auf das Jahr 113 zurück.*

Inhalt